Sigue INTENTÁNDOLO con Abby

Un libro sobre la persistencia

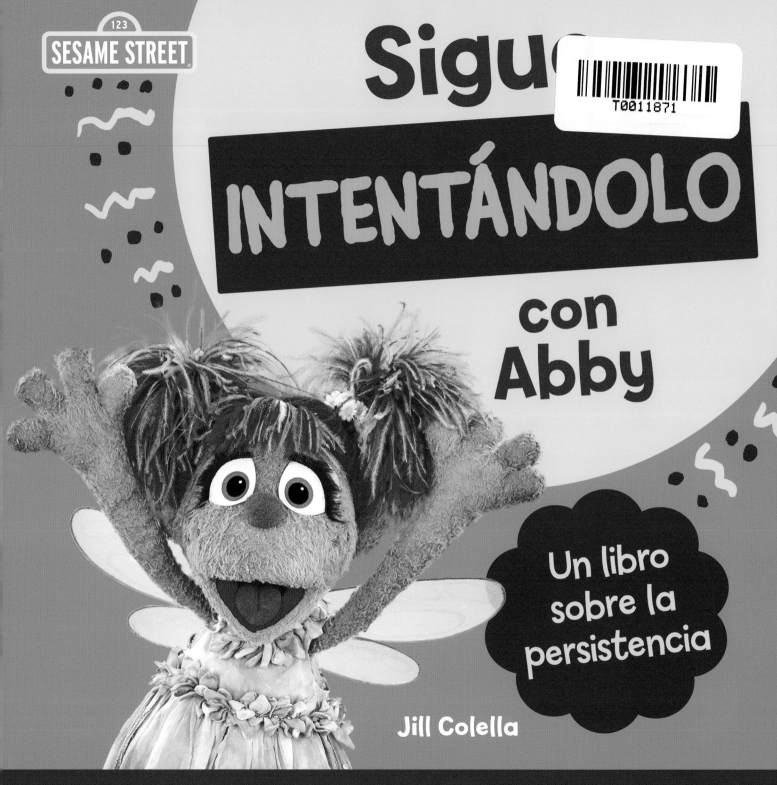

Jill Colella

ediciones Lerner ◆ Mineápolis

La misión de Sesame Street siempre ha sido enseñarles a los niños mucho más que solo el abecedario y los números. Esta serie de libros que promueven rasgos de la personalidad positivos como la generosidad, el respeto, la empatía, el pensamiento positivo, la resiliencia y la persistencia ayudarán a los niños a crecer y convertirse en la mejor versión de ellos mismos. Por eso acompaña a tus amigos divertidos y peludos de Sesame Street mientras aprenden a ser más inteligentes, más fuertes y más amables y le enseñan a serlo a todo el mundo.

Saludos. Los editores de Sesame Street

CONTENIDO

¿Qué es la persistencia?

Algunas veces algo no nos sale bien la primera vez que lo intentamos.

No me salen bien todos los trucos de magia, ¡pero sigo intentándolo!

¡Ser persistente significa no rendirse!

¡A seguir intentándolo!

Hacer algo nuevo puede dar miedo.

Pero las cosas nuevas nos ayudan a crecer.

¿Cuándo intentaste hacer algo nuevo?

8

¡Lo intenté una y otra vez hasta que finalmente logré hacer un giro de ballet!

¡A seguir intentándolo!

La práctica nos ayuda a mejorar.

Está bien cometer errores.

Los errores nos ayudan a aprender.

Practico hasta que la mayoría de mis notas sale bien.

Cuando lo intentamos de nuevo, podemos solucionarlos.

Divide los objetivos grandes en pasos pequeños. Piensa en vestirte.

¿Cuál es otra actividad que puedes dividir en partes?

Primero, te pones la camisa, luego los pantalones y después los calcetines.

Si no puedes hacer algo al principio,
traza un plan nuevo.

Piensa en
un momento en
el que resolviste
un problema.
¿Qué hiciste?

Intenta solucionar
un problema de una
forma diferente.

A nuestros padres, maestros y amigos les interesa lo que nos pasa. Pueden ayudarnos a lograr nuestros objetivos.

Patino lentamente y sostengo la mano de Enrique. No sé andar rápido, ¡todavía!

Cuando seguimos intentándolo, podemos dominar habilidades nuevas. ¡Eso nos hace sentir bien!

Elmo aprendió el abecedario y el sonido de cada letra. ¡Ahora a Elmo le encanta leer!

¡La persistencia nos ayuda a concentrarnos, practicar y seguir intentándolo!

¡SER UN AMIGO!

Con un amigo o amiga, construye una torre alta con bloques. Si se cae, inténtalo de nuevo. Hablen sobre las diferentes maneras de que la torre sea fuerte.

Glosario

concentrarse: prestar mucha atención a algo

diferente: no de la misma manera

dominar: llegar a ser muy bueno o buena en algo

objetivo: algo que deseas hacer

Más información

Bushman, Susanne M. *Don't Give Up*. Mineápolis: Jump!, 2020.

Colella, Jill. *Sobreponerse con Big Bird: Un libro sobre la resiliencia*. Mineápolis: ediciones Lerner, 2024.

Schuh, Mari. *Yes I Can! A Story of Grit*. Mineápolis: Millbrook Press, 2018.

Índice

Créditos por las fotografías

Créditos de las imágenes adicionales: GUNDAM_Ai/Shutterstock.com, p. 4; Denis Kuvaev/Shutterstock.com, p. 5; Anna Om/Shutterstock.com, p. 6; Studio 1One/Shutterstock.com, p. 7; Dmytro Vietrov/Shutterstock.com, pp. 8, 9; Rawpixel.com/Shutterstock.com, p. 10; Purino/Shutterstock.com, p. 11; myboys.me/Shutterstock.com, p. 12; Krakenimages.com/Shutterstock.com, p. 13; Evgeny Atamanenko/Shutterstock.com, p. 14; KK Tan/Shutterstock.com, p. 15; Kathy Matsunami/Shutterstock.com, p. 16; Daniel Chetroni/Shutterstock.com, p. 17; Alexandru Marian/Shutterstock.com, p. 18; Tomsickova Tatyana/Shutterstock.com, p. 19; TORWAISTUDIO/Shutterstock.com, p. 20.

Para las niñas: LKAT, PKAT y EVAF

ediciones Lerner
Una división de Lerner Publishing Group, Inc.
241 First Avenue North
Mineápolis, MN 55401, EE. UU.

Si desea averiguar acerca de niveles de lectura y para obtener más información, favor consultar este título en www.lernerbooks.com.

Fuente del texto del cuerpo principal: Billy Infant. Fuente proporcionada por SparkyType.

Library of Congress Cataloging-in-Publication Data

Names: Colella, Jill, author.
Title: Sigue intentándolo con Abby : un libro sobre la persistencia / Jill Colella.
Other titles: Keep trying with Abby. Spanish
Description: Mineápolis : ediciones Lerner, [2024] | Series: Guías de personajes de Sesame Street en español, | Includes bibliographical references and index. | Audience: Ages 4-8 | Audience: Grades K-1 | Summary: "Being persistent means not giving up! Abby and other friends from Sesame Street help kids learn that they can solve problems and make mistakes as long as they keep trying. Now in Spanish!"—Provided by publisher.
Identifiers: LCCN 2023017448 (print) | LCCN 2023017449 (ebook) | ISBN 9798765608265 (library binding) | ISBN 9798765623312 (paperback) | ISBN 9798765612699 (epub)
Subjects: LCSH: Persistence—Juvenile literature. | Self-realization—Juvenile literature. | BISAC: JUVENILE NONFICTION / Social Topics / Emotions & Feelings
Classification: LCC BF637.S4 C652518 2024 (print) | LCC BF637.S4 (ebook) | DDC 158.1—dc23/eng/20230531

Fabricado en los Estados Unidos de América
1-1009528-51465-5/31/2023